正向教育
故事系列

熊貓元元，
請擺脫妒忌

蘇·格雷夫斯 著

特雷弗·鄧頓 繪

潘心慧 譯

U0108524

新雅文化事業有限公司
www.sunya.com.hk

正向教育故事系列

《正向教育故事系列》全套16冊，**旨在培養孩子正向的性格強項，發揮個人潛能，活出更精彩豐盛的人生。**

在本系列裏，動物們遭遇到孩子成長中會遇到的困境，幸好他們最終都能發揮相關的性格強項，完滿地解決事情，還得到意外驚喜。

小朋友，準備好了嗎？現在，就讓我們進入正能量世界，一起跟着

 鱷魚卡卡學**毅力**　　 大象波波學**仁慈**

 豹子達達學**團隊精神**　　 長頸鹿高高學**公平**

 河馬胖胖學**正直**　　 獅子安安學**希望**

 猴子奇奇學**審慎**　　 烏龜娜娜學**勇敢**

 老虎哈哈學**自我規範**　　 犀牛魯魯學**社交智慧**

新  灰狼威威學**愛**　　新 樹懶樂樂學**熱情與幹勁**

新 樹熊思思學**開明思想**　　新 斑馬敏敏學**勇敢和毅力**

新 奇異鳥滔滔學**自我規範**　　新 熊貓元元學**社交智慧**

每冊書末還設有**親子/師生共讀建議**，幫助爸媽和孩子說故事呢！

 **升級功能**

　　本系列屬「新雅點讀樂園」產品之一，若配備新雅點讀筆，爸媽和孩子可以使用全書的點讀和錄音功能，聆聽粵語朗讀故事、粵語講故事和普通話朗讀故事，亦能點選圖中的角色，聆聽對白，生動地演繹出每個故事，讓孩子隨着聲音，進入豐富多彩的故事世界，而且更可錄下爸媽和孩子的聲音來說故事，增添親子閱讀的趣味！

　　「新雅點讀樂園」產品包括語文學習類、親子故事和知識類等圖書，種類豐富，旨在透過聲音和互動功能帶動孩子學習，提升他們的學習動機與趣味！

　　家長如欲另購新雅點讀筆，或想了解更多新雅的點讀產品，請瀏覽新雅網頁 (www.sunya.com.hk) 或掃描右邊的QR code進入 新雅‧點讀樂園 。

如何使用**新雅點讀筆**閱讀故事

❶ 下載本故事的聲音檔案

1. 瀏覽新雅網頁(www.sunya.com.hk) 或掃描右邊的QR code 進入 新雅・點讀樂園。

2. 點選 下載點讀筆檔案 ▶。

3. 依照下載區的步驟說明，點選及下載《正向教育故事系列》的聲音檔案至電腦，並複製至新雅點讀筆的「BOOKS」 資料夾內。

❷ 點讀故事和選擇語言

啟動點讀筆後，請點選封面 新雅・點讀樂園，然後點選書本上的故事文字或說話的人物，點讀筆便會播放相應的內容。如想切換播放的語言，請點選每頁左上角的 專/書 粵/口 普 圖示，當再次點選內頁時，點讀筆便會使用所選的語言播放點選的內容。

| 粵語
朗讀故事 | 粵語
講故事 | 普通話
朗讀故事 |

安安的體形的嘴太大了，他無法坐上小型賽車，不過他一點都不介意，還去玩火箭沒邊。安安覺得這個機動遊戲更好玩呢！

然後大鳥老師看看手錶，她說時間剛剛好，大家還來得及一起去玩沖天過山車。那是森林樂園裏最高、最快、最刺激的機動遊戲！

❸ 播放整個故事

如想播放整個故事請點選下面的圖示：

選擇語言

粵語
朗讀故事

粵語
講故事

普通話
朗讀故事

播放整個故事

播放

暫停

停止

❹ 製作獨一無二的點讀故事書

爸媽和孩子可以各自點選以下圖示，錄下自己的聲音來說故事！

1 先點選圖示上 爸媽錄音 或 孩子錄音 的位置，再點 OK，便可錄音。

2 完成錄音後，請再次點選 OK，停止錄音。

3 最後點選 ▶ 的位置，便可播放錄音了！

4 如想再次錄音，請重複以上步驟。注意每次只保留最後一次的錄音。

爸媽請使用
這個圖示錄音

OK
爸媽錄音

OK
孩子錄音

孩子請使用
這個圖示錄音

熊貓元元妒忌所有人！她妒忌她的弟弟，她說媽媽給了弟弟更多時間！

媽媽說寶寶還小，需要很多照顧。但元元很生氣，她用力踩腳，說不公平。

元元妒忌她的姐姐，因為姐姐可以比她更晚睡覺。

　　元元說不公平，她也要晚點睡覺。媽媽說等她長大些，會自律地安排好時間，就可以晚點才睡覺了。

在學校，小熊有一枝閃閃發光的鉛筆，她說是祖母送給她的。但元元很妒忌，她也想跟小熊一樣，擁有一枝閃閃發光的鉛筆。於是，她說小熊的鉛筆很難看，小熊聽了很難過。

元元喜歡打籃球，也很會傳球，但她
一直妒忌壁虎。

因為壁虎很會投籃，大家都説他是
最厲害的得分射手！

　　元元也想做最厲害的得分射手，得到同學的讚賞和注目，於是她胡說壁虎籃球打得差，壁虎聽了很難過。

　　大家都很生元元的氣，他們說妒忌別人很不好，如果她還是那麼不友善，就不要一起玩了。

元元很難過，她不喜歡大家都生她的氣。其實她也不喜歡妒忌的感覺，因為會令她肚子痛，心裏也很難受。於是，元元去找大鳥老師。

元元告訴大鳥老師她妒忌別人的事情，大鳥老師認真地聽着，然後她說每個人都會有妒忌的時候。

不過，大鳥老師説，為自己所擁有和做到的一切感到高興，比妒忌別人好得多。還有，嘗試欣賞別人和為別人高興也是一件好事！

　　元元想想自己擁有的一切美好事物。她想到了自己的弟弟，其實她很高興自己有一個弟弟，弟弟真的很可愛呢！

她也想到自己的姐姐，她知道姐姐晚點睡覺是合理的。

然後她想到小熊和壁虎，她突然感到很難過，很後悔之前對他們那麼不友善。

之後，大鳥老師問元元可以做些什麼來改正錯誤。元元想了一想，她說她要為自己妒忌和不友善，向大家說句對不起。大鳥老師說這是個好主意。

元元提醒自己要記得想想自己擁有和做到的一切，也要嘗試為別人高興。

第二天，元元幫媽媽照顧弟弟。她餵弟弟吃東西。

她幫弟弟穿襪子。

媽媽説她是個好姐姐。
元元感到很自豪，她不再妒忌了！

在學校，烏龜跟元元分享生活近況，她給元元展示她買的新帽子，說她很喜歡。

元元沒有妒忌烏龜，而且還為她買到心愛的東西感到高興！她説烏龜的帽子很漂亮，烏龜聽了開心地笑，她説元元真好。

當天下午，全班一起打籃球。元元很高興自己那麼會傳球，她一次又一次地把球傳給壁虎，結果壁虎投籃得了很多分。

大家都拍手歡呼，元元也為壁虎感到高興，
她說為別人高興的感覺，比妒忌好得多了！

認識正向心理學的 24 個性格強項

　　正向心理學之父馬丁‧賽里格曼 (Martin Seligman) 與其他學者合作，研究出一套以科學驗證為基礎的正向心理學理論，提出每人都能培育及運用所擁有的性格強項，活出更豐盛的人生。

　　正向心理學中的性格強項分成 6 大美德 (Virtues)，共 24 個性格強項 (Character Strengths)。只要我們好好運用性格強項和應用所累積的正向經驗，日後無論是在順境或逆境中，我們仍然能從中獲得快樂及寶貴的經驗。

現在，一起來認識 24 個性格強項：

智慧與知識
(Wisdom & Knowledge)
喜愛學習 (Love of Learning)
開明思想 (Judgement)
洞察力 (Perspective)
創造力 (Creativity)
好奇心 (Curiosity)

勇氣
(Courage)
正直 (Honesty)
勇敢 (Bravery)
熱情與幹勁 (Zest)
毅力 (Perseverance)

節制
(Temperance)
謙遜 (Humility)
審慎 (Prudence)
寬恕 (Forgiveness)
自我規範 (Self-regulation)

24 個
性格強項

公義
(Justice)
公平 (Fairness)
團隊精神 (Teamwork)
領導才能 (Leadership)

仁愛
(Humanity)
愛 (Love)
仁慈 (Kindness)
社交智慧 (Social Intelligence)

靈性與超越
(Transcendence)
希望 (Hope)
感恩 (Gratitude)
幽默感 (Humour)
靈修性 (Spirituality)
對美麗和卓越的欣賞
(Appreciation of Beauty and Excellence)

故事中主角所發揮的性格強項

　　熊貓元元總是妒忌其他人，她妒忌弟弟和姐姐，也妒忌同學。她見不得別人的好，因此出言不遜，令別人十分難過。同學們都說元元很不友善，再也不想和她玩。

　　後來，元元去找大鳥老師傾訴，大鳥老師提醒她應該學會**欣賞**自己和他人，不要因妒忌而生怨恨、不忿。元元終於發揮**社交智慧**的性格強項，了解別人的感受，向大家表現**謙虛**的態度，更以行動來**關愛別人**。她終於能跟家人、朋友好好相處呢！

親子／師生共讀建議

讀完故事後，和孩子談談這本書：

1. 與孩子談談故事的情節，鼓勵孩子按時間順序複述故事的情節。

2. 說說元元是為哪些事感到妒忌。有多少孩子也會為同樣的事情感到妒忌？鼓勵孩子跟其他人分享自己的感受，並嘗試解釋他們妒忌的原因。

3. 討論元元最初處理妒忌的方式。孩子覺得她很不友善嗎？為什麼？

4. 一起看看元元和大鳥老師談話後怎麼處理她的妒忌。為什麼這些都是好主意呢？為什麼為別人感到高興是一件好事？

5. 請孩子畫出令他們妒忌的人或事，然後再畫出克服妒忌的方式。例如：在第一張圖畫中，家裏來了一個新生兒；在第二張圖畫中，孩子幫忙父母照顧小寶寶。

6. 請孩子向其他人展示和解釋自己的圖畫。

正向教育故事系列

熊貓元元，請擺脫妒忌

作　　者：蘇·格雷夫斯（Sue Graves）
繪　　圖：特雷弗·鄧頓（Trevor Dunton）
翻　　譯：潘心慧
責任編輯：黃碧玲
美術設計：郭中文
出　　版：新雅文化事業有限公司
　　　　　香港英皇道499號北角工業大廈18樓
　　　　　電話：（852）2138 7998
　　　　　傳真：（852）2597 4003
　　　　　網址：http://www.sunya.com.hk
　　　　　電郵：marketing@sunya.com.hk
發　　行：香港聯合書刊物流有限公司
　　　　　香港荃灣德士古道220-248號荃灣工業中心16樓
　　　　　電話：（852）2150 2100　傳真：（852）2407 3062
　　　　　電郵：info@suplogistics.com.hk
印　　刷：中華商務彩色印刷有限公司
　　　　　香港新界大埔汀麗路36號
版　　次：二〇二三年十月初版

ISBN : 978-962-08-8221-0
Original published in the English language as *"Behaviour Matters! Panda Feels Jealous
(A book about jealousy)"*
Text © Hodder and Stoughton 2022
Illustrations © Trevor Dunton 2022
Copyright licensed by Franklin Watts, an imprint of Hachette Children's Group,
Part of Hodder and Stoughton
Traditional Chinese Edition © 2023 Sun Ya Publications (HK) Ltd.
18/F, North Point Industrial Building, 499 King's Road, Hong Kong
Published in Hong Kong SAR, China
Printed in China